Afrodisíacos y zonas erógenas

Ingrid M. Taylor

Editorial Anuket

Índice

Capítulo 1
Intimidad conyugal

¿Por qué el sexo que nos ofrecen las películas eróticas no forma parte de un matrimonio a largo plazo? ¿Por qué el sexo a menudo no cumple con nuestras expectativas? ¿Por qué tantas relaciones se rompen por supuestas incompatibilidades sexuales? ¿Por qué el amor y el sexo no pueden ir siempre de la mano?

Freud estaría feliz de responder a estas preguntas. Él afirmó que el comportamiento humano está más a menudo determinado por las necesidades sexuales reprimidas de lo que pensamos; el inconsciente, refugio de nuestros deseos, siempre lucha por subir a la superficie y lograr complacerse.

A su vez, el padre de la psicología afirmó que, la mayoría de las necesidades sexuales que reconocemos, surgen de expectativas insatisfechas que no tienen nada que ver con el sexo. Nuestros hogares se convierten en campos de batalla en donde florece la intimidad desenfrenada; o, por el contrario, en templos fríos y silenciosos.

A veces tenemos sexo cuando realmente nos falta ternura, intimidad, compañerismo, o evitamos el sexo por aburrimiento, enfado, estrés... Al mismo tiempo, el sexo no tiene poderes mágicos para satisfacer todas las necesidades, es simplemente... sexo, una junta de cuerpos que logran alguna satisfacción momentánea.

Confundimos los problemas sexuales con los problemas emocionales, nos condenamos por repetir los mismos errores una y otra vez y, como resultado, las relaciones salvables se desmoronan.

¿Qué es el sexo sin sexo?

Cuando te sientes deprimido, desilusionado, solo, o enojado después del sexo, le echas la culpa a tu pareja o a tu impotencia. ¿La causa?, es posible que hayas estado teniendo relaciones sexuales por las razones equivocadas. El sexo nos proporciona placer físico y mental, cuando respondemos de manera espontánea y natural a las necesidades sexuales, por lo que el sexo es fuente de satisfacción y plenitud.

Desafortunadamente, el amor carnal se ve frecuentemente abrumado por deseos inapropiados, como la necesidad de estar tranquilo y seguro en el momento del coito, o de creerse más masculino o femenino, o de sentirse especial y menos solo. Todo ello, hace que la mente coloque al placer sexual, libre, fogoso y libre de pecado, en un segundo plano.

Si la motivación inconsciente pudiera mejorar nuestra vida sexual, ¿cómo se haría? Si pensamos en la moralidad, muchos pensarán que nuestras acciones son pecaminosas debido a nuestras creencias religiosas. Si pensamos obsesivamente en nuestro cuerpo y en su forma (tamaño) quizás nos abrume la idea que nuestra pareja nos rechazará. Si nos enfocamos solo en nuestra felicidad y necesidad, o por el contrario las negamos en pos del otro, no habrá intercambio genuino entre la pareja. Si usamos el sexo para dominar, humillar, poseer y vincularnos con alguien, este tipo de placer responderá a una personalidad psicopática. Por lo tanto, la energía sexual pura no puede fluir a través de nuestro cuerpo y mente, mientras no dejemos fluir la necesidad sexual que busca el vínculo sano y el placer biológico.

Evitar la intimidad con el sexo

A menudo se piensa que el sexo es una actividad muy íntima. Dos personas que duermen juntas parecen muy unidas. Sin embargo, la intimidad física no es lo mismo que la intimidad completa. La intimidad emocional implica saber lo que la otra persona está sintiendo y pensando. Compartir experiencias, secretos, miedos, intercambiar opiniones con un compañero lleva tiempo. Los seres humanos pueden pasar por todas las etapas de la conciencia corporal sin llegar a la cercanía emocional. El sexo se convierte entonces en una herramienta para evitar la intimidad emocional.

Intimidad

La intimidad es ver y resolver los conflictos en compañía. Cuando vivimos una situación conflictiva, salen a la luz algunas verdades inquietantes sobre nosotros mismos (nuestra personalidad en situaciones de tensión) y se aclaran los métodos que usamos para resolver o huir del mal momento.

Cuando se enfrentan las situaciones difíciles en compañía, se construye intimidad. Pero si solo se apela al sexo para evitar las confrontaciones, solo se conseguirá refugio momentáneo en la cama, pero nunca la solución a las diferencias.

Todos somos egocéntricos en algún punto, sin la oportunidad de aprender a entendernos entre nosotros. Algunos pueden discutir durante años sin examinar el problema real porque siempre se acuestan cuando están atascados.

Si el sexo es el instrumento para saldar los problemas, muchas parejas no encontrarán la intimidad sexual en el acto sexual. Cada integrante, que no siente la intimidad, sentirá que se está acostando con un extraño, con quién no comparte sus sentimientos ni pensamientos.

Cambiar para mejor

¿Qué se puede hacer para romper el patrón? Se puede recurrir a la terapia y dejar de pelear por el sexo y ver más en detalle los problemas emocionales reales. También se puede desarrollar la intimidad tomando una noche para discutir cómo se siente el otro en la relación y en la vida cotidiana. Se debe evitar el contacto sexual durante este período.

Cada integrante de la pareja debe ser consciente de las similitudes y diferencias, así como de las respuestas que el otro le brinda. La crítica constructiva es bienvenida, pero culpar no ayuda a construir relaciones fuertes. Compartir impresiones, pensamientos, comprensión y aceptación ayudan a crear empatía. Este es el desarrollo de la intimidad emocional, y el sexo no tiene poder para reemplazarlo.

El sexo como compensación

En muchas relaciones, la responsabilidad del placer no se comparte por igual. Cuando un miembro de la pareja no está contento con, por ejemplo, un comentario inocente, y el autor trata de recomponer la relación ofreciendo sexo, nos indica que el sexo ya no es lo que era. El que ofreció sexo como compensación sacrifica sus necesidades, convirtiendo al contacto sexual en una tarea. Nadie puede hacer sacrificios sin sentir consciente o al menos intuirlo, sentimientos de ira, dolor, una sensación de explotación.

Eventualmente, el desequilibrio se profundiza y es fácil concluir que no somos compañeros sexuales. A veces, ambos miembros de la pareja sienten que la responsabilidad es demasiado grande y en lugar de centrarse en el placer mutuo, se concentran en complacer al otro y se olvidan de su propia satisfacción. Este comportamiento roba la experiencia espontánea de lo que sucede en la cama.

El sexo compensatorio también se puede describir como una compensación por la incomodidad causada fuera del dormitorio. "Si me comporto así de mal durante una discusión, me reconciliaré en la cama". Este enfoque puede terminar rápidamente el intercambio.

Ser abiertos sobre qué y cómo nos hace felices y ayudarnos unos a otros a sentirnos satisfechos tiene sus grandes resultados. Una conversación honesta o la voluntad de comenzar la terapia revelarán motivaciones ocultas y ayudará a superarlas.

Sexo y autoestima

Las personas que saben lo que valen, eligen parejas con principios morales similares, tienen relaciones sexuales que no comprometen su sentido de dignidad, satisfacen sus necesidades tanto como las de su pareja en un acto de amor, estando de acuerdo con lo que hacen. Para personas así, el sexo es una experiencia placentera y satisfactoria. Pero aquellos con baja autoestima eligen parejas inapropiadas, tienen relaciones humillantes que sabotean su placer o ven el sexo como una forma de autoestima.

Estas personas a menudo usan el sexo para obtener aprobación y admiración. En la infancia aprenden a no sentirse apreciados por lo que son, por lo que en la edad adulta necesitan adquirir constantemente una autoestima positiva.

Tener sexo con otras personas los hace sentir importantes y especiales. Desafortunadamente, los sentimientos positivos obtenidos de esta manera pueden conducir a la adicción y la depresión.

Sexo y celos

Los celos son una emoción muy fuerte. En casos extremos, pueden conducir al crimen, asesinato, suicidio. Dos tipos de celos pueden afectar la vida sexual. Uno de ellos son los celos externos, por ejemplo, la atención de otras personas, los intereses, el trabajo, las aficiones, el atractivo físico de la pareja. El segundo tipo de celos rara vez son celos conscientes, por ejemplo, porque se sienten más placenteros durante el sexo: "Una mujer puede tener varios orgasmos, pero un hombre solo tiene uno, y eso es todo".

Los celos de relaciones sexuales pasadas o de experiencias más enriquecedoras en pareja suelen presentarse en personas que se sienten tímidas o avergonzadas de su sexualidad y aceptan lo que la vida les depara sin responsabilizarse de su propio placer ni expresar aquello por lo que luchan. Los celos de la capacidad de expresar espontáneamente la sexualidad y una mayor libido se pueden expresar con afirmaciones como: "Si necesitas tanto sexo, ¿no crees que tienes un problema?".

Todo el mundo tiene su propia intensidad de la libido. Cuando se involucran personas con diferentes necesidades, no siempre afecta la calidad de la relación. Las diferencias en nuestra libido pueden basarse en diferencias evidentes por razones no sexuales, pero también pueden ser biológicas y sus determinantes, que podemos corregir con medicación.

La experiencia de abuso sexual y la incapacidad para hacer frente también pueden afectar el deseo.

Amor y Sexo

La experiencia del amor y el sexo son sentimientos hermosos que enriquecen nuestra vida espiritual. Sin embargo, colocar un signo igual entre ellos da lugar a muchos malentendidos. El sexo tiene un trasfondo hormonal, es físico, podemos desear a muchas personas, su satisfacción final es el coito, puede ser forzado, tiene unos límites biológicos de duración y es un placer temporal.

El amor no es biológico, es emocional, no necesita contacto físico para existir, necesitamos saber que una persona nos ama de verdad, se puede dar sin sexo, su fin es la intimidad y la espiritualidad, nadie puede ser forzado a amar. El amor puede durar muchos años, incluso hasta el final de nuestra vida. Una vez que entendemos la diferencia, podemos comenzar a experimentar el sexo sin tratar de cumplir con expectativas pocos realistas.

Pero, más allá del sexo marital, otro gran porcentaje se lleva de manera ocasional. ¿Qué deberíamos tener en cuenta?:

Reglas clave para el sexo espontáneo

1. Elige un lugar y prueba la superficie
Sal de la rutina de la cama con cuidado. Asegúrese de que el apoyo sexual (mesa, lavado, silla etc.) no sea débil y no esté comprometida la seguridad física. Evalúa los riesgos: hacer el amor en la arena de la

playa o tener sexo en el bosque no siempre es la mejor idea.

2. Protégete

Mantener los condones en tu bolsillo o bolso te permitirá obtenerlos de inmediato. El entusiasmo creciente no debería conducir a embarazos no deseados o enfermedades de transmisión sexual.

3. Usar aceite lubricante

Incluso con una excitación intensa, la lubricación natural no siempre ocurre rápida y abundantemente. Los lubricantes previenen este problema. Por lo tanto, un tubo pequeño con una práctica tapa es más práctico. La mejor opción es un lubricante incoloro que no deje marcas en la ropa.

4. Llevar pañuelos

Si sueles tener relaciones sexuales al aire libre, aprende a adaptarte rápidamente. El sexo es fluido y lubricado, y la espontaneidad a menudo significa que la ropa no está del todo quitada; es fácil ensuciarse. Así que es bueno tener agua o al menos toallitas húmedas a mano.

5. Olvídate de la maratón de sexo

La espontaneidad es sinónimo de rapidez. No es una opción que deba extenderse y mantenerse durante un largo período de diversión. No hay tiempo para encontrar nuevas zonas erógenas en una pareja: todo debe suceder rápidamente.

6. Obedecer la ley

O prepárate para enfrentar una demanda. Puede ser útil investigar las leyes del país al que viajas. Muy lejos de la situación en la ciudad mexicana de Guadalajara, donde el sexo callejero está legalmente permitido (si no hay otras denuncias). El sexo en público no solo está penado en Emiratos Árabes Unidos o Tailandia, sino que existen prohibiciones en varios países, incluidos los países europeos. Las violaciones pueden resultar en multas significativas e incluso penas de prisión. Evita tener relaciones sexuales en público si no conoce las leyes de un país extranjero.

7. No abuses del alcohol

A veces, la embriaguez puede enmascarar la pasión. Sin embargo, si estás muy borracho, es poco probable que el sexo sea emocionante e incluso puede causar problemas. Las personas borrachas son más propensas a olvidar el control de la natalidad, ignorar los sentimientos de otras personas e infringir la ley.

8. Respeta los derechos de otros

Por ejemplo, no es buena idea encerrarse con tu pareja en el baño de un avión por un capricho. Hay pocos espacios de aseos a bordo, e insistir permanecer en el baño es más peligroso y dañino que no tener sexo por un tiempo.

Preguntas para discutir antes de tener sexo con una nueva pareja

El sexo debe ser seguro, o al menos placentero, por lo que es importante discutir los temas importantes de antemano. Algunos temas no tienen nada que ver con el romance, pero no hay otra opción: antes de quitarte la ropa interior, debes aclarar algunos puntos.

1.   ¿Tenemos sexo ahora? Bueno, o de alguna manera hacer la pregunta de manera diferente, solo para escuchar un claro "sí". Solo para que no haya malentendidos.

2.   **¿Usas protección?** Por primera vez con una nueva pareja: sin pastillas hormonales, relaciones sexuales espontáneas, velas y música relajante. Es decir, todo esto se puede usar, pero siempre acompañado de los condones.

Incluso si el recién llegado presenta el certificado obtenido ayer, no es una solución. El período de incubación de una infección por VIH puede durar varios meses, lo que significa que podría haberse infectado hace semanas y aún no ser detectado por la prueba.

Solo puedes confiar en las credenciales de los donantes de sangre regulares que se someten regularmente a pruebas de detección de VIH, hepatitis y sífilis. Pero en teoría, los donantes regulares deberían insistir en usar condones con nuevas parejas.

Y, por cierto, las alergias al látex, por lo que las personas alérgicas deberían tener protectores libres de látex en este caso.

3.   ¿Quién se ducha primero? Cuando el deseo captura, no hay tiempo para pensar en pasar primero por la regadera. Pero, sinceramente, es la primera relación sexual con una nueva pareja la que a veces revela algo completamente diferente a lo que nos gustaría saber del otro. Después de todo, hay una diferencia entre un sudor de trabajo honesto, el después de una fiesta de baile, y los cobardes al agua.

4.   **¿Es sexo o algo más?** Para algunos, parece que después del sexo no hay necesidad de volver a encontrarse, pero para otros, por supuesto, el sexo significa planear tres hijos y una boda de plata. Hay cientos de niveles entre estas opciones. Digamos que una pareja ve el sexo como una prueba: ¿vale la pena continuar con la relación o no llegará a ninguna parte porque no crecieron juntos en la cama? Otro miembro de la pareja cree que el sexo solo ocurre cuando algo ha crecido, es decir, la pareja lleva mucho tiempo junta. Si después del coito resulta que los socios evalúan los eventos de manera diferente, se olvida la diversión, pero el problema permanece.

5.   **¿Qué haremos?** Al menos decide lo que quieres hacer, o lo que no quieres hacer. El sexo se convierte en una actividad traumática si la pareja encuentra las poses más cómodas y naturales en las películas pornográficas, y no contigo. O están listos para el sexo oral, pero ninguno lo intenta por falta de comunicación. Por supuesto, es mejor decir lo que esperas: sexo suave y lento toda la noche, experimentación, pasión y fogosidad, o incluso si quieres transgredir las reglas.

6.   **¿A quién debemos decirle?** Cada persona es diferente y reacciona socialmente de modo distinto. Alguien contará su aventura en las redes sociales, describiendo todas las características de su pareja, hasta el punto de reconocerlo en la vía pública. A otro se le ocurrirá filmar un video, del que no sabremos a donde irá a parar. Y están los que "creyendo" que están

diciendo un secreto, se lo contarán a su mejor amigo, que se encargará de difundirlo sin permiso.

Al menos dos personas han tenido relaciones sexuales, y si a tu pareja no le gusta que se revele su vida sexual, considera sus deseos. Acordar qué referencia es aceptable: "No hablo de esto", "¿Tenemos una relación?", "¿Qué piensas?, ¿qué sientes?". No violes los acuerdos.

Cómo hablar sobre los límites personales cuando se trata de sexo y por qué son importantes

En psicología, los límites personales significan la comprensión del "yo" de uno por separado de los demás. En pocas palabras, los límites definen nuestras necesidades, deseos, sentimientos, capacidades y relaciones individuales con los demás. Literalmente reflejan las creencias y valores de la vida. ¿Cuáles son los límites del sexo? Es simple: es el comportamiento y la práctica lo que te causa malestar físico o emocional. Es decir, saber qué es aceptable y qué está estrictamente prohibido. Por ejemplo, un triángulo amoroso puede parecer inmoral para algunas personas, mientras que para otras es completamente normal.

Descubrir

Qué hacer si tu pareja quiere probar cosas en la cama que no te gustan. Cómo establecer límites personales sexualmente. Hay que discutir tus preferencias por adelantado.

Es mejor hablar de sexo antes del sexo. Y cuanto antes hagas esto, menos probabilidades tendrás de pasar tiempo con una pareja con la que eres completamente incompatible. Es posible que no se lleven bien debido a preferencias conflictivas y tabúes o diferencias anatómicas, por ejemplo, si una niña tiene una vagina baja y un niño tiene un pene largo. Si la compatibilidad física es difícil de entender con palabras, se puede entender por elección. Con este fin, son importantes las discusiones abiertas y honestas con los socios sobre diversos temas:

- ¿Qué es lo que más te gusta del sexo?
- ¿Qué tabúes posees?
- ¿En que acordamos?
- ¿Estás dispuesto a probar cosas nuevas en función de lo que les gusta a los demás?
- ¿Aceptarás el rechazo si las nuevas prácticas incomodan a tu pareja y no está dispuesta a repetirlas?

Las conversaciones oportunas no solo pueden ahorrar tiempo a las personas que no son compatibles entre sí, sino también evitar conflictos entre socios en el futuro. Un ejemplo simple: ciertas actividades sexuales son tabú para las chicas, pero preferidas por los hombres. Si no lo dices, es posible que tu pareja algún día intente cumplir sus deseos, y al sentirse rechazado, lo enfadará. Pero los conflictos se pueden evitar.

Ponerse de acuerdo

A principios de la década de 2000 había un gran problema: se tenía miedo de hablar de sexo; pero en la actualidad muchos más están dispuestos a expresar sus deseos sexuales.

Redacción de contratos
Por supuesto, esto no estará escrito en un papel, sino en la historia oral que llevan los socios. Bajo el contrato se entiende la respuesta a la pregunta "¿Qué tipo de relación tenemos?". ¿Existen obligaciones entre nosotros, cuáles son, qué sucederá si se violan? De hecho, esta es la misma conversación sobre los límites, solo que cubre de manera más completa la interacción entre los involucrados, por ejemplo, sus relaciones con otras personas y las reglas para llevar una vida conjunta. Los límites en el sexo, los tabúes, el enamoramiento... todo está relacionado. Además, por ejemplo, existe un deber de lealtad del que rara vez se habla en voz alta.

¿Qué se considera hacer trampa en una relación?

Muchas veces depende de mi pareja y de su manera particular de ver la relación. O acepto las condiciones que me han dispuesto y me mantengo fiel a ellas, o rompo las reglas, no acepto sus condiciones y violo el contrato previo.

Entonces, en algunos casos, el coito con terceros se considera aceptable (poliamor), mientras que, en otros, incluso la correspondencia o un beso en la mejilla con un extraño a la pareja se convierten en motivo de celos.

En general, los contratos definen límites personales generales y nos enseñan a ser conscientes de ellos. Al final del día, discutimos temas que benefician a ambas partes.

Qué hacer si tu pareja viola tus límites

A menudo ni siquiera somos conscientes de que alguien ha cruzado la línea. Normalizamos lo que está pasando a pesar del malestar que experimentamos, identificamos el problema con nosotros mismos más que con nuestra pareja y nos quejamos con los amigos de lo mal que están las cosas. Puedes verificar si tu límite ha sido excedido usando las siguientes banderas:

Tienes miedo de expresar tu opinión y negarte a ti mismo. Te sientes avergonzado. Ejemplo: No dices que sientes dolor en cierta posición sexual porque a tu pareja le gusta.

Te justificas a ti o a tu pareja: Ejemplo: cuando un chico te convence para que le des sexo oral y cumples su pedido porque "todos lo hacen" y "obviamente te sientes mal si no lo haces".

Resuelves primero los problemas de tu pareja, no los tuyos: Ejemplo: Haces todo lo que puedes para que tenga un orgasmo, pero no te importa tu placer.

Miedo a estar solo/a: Ejemplo: Te preocupa que tu pareja comprometa tus principios al dejarte si dices que no.

Dependes de tu pareja: Ejemplo: intentar hacer coincidir la imagen ideal que tiene él de ti, pero que no tiene nada que ver contigo.

No hablar de lo que te molesta: No tengas miedo de expresar tus sentimientos. Reúnanse en un ambiente tranquilo y pacífico y expresen sus sentimientos y quejas mutuas sin emociones fuertes: Tu objetivo es recordarle tus límites y pedirle que no los traspase.

Sé honesto, evita el lenguaje común y justifica tu posición: En lugar de decir "No me gusta", explica por qué no te gusta y por qué. Por ejemplo, le gusta tener sexo fuera del apartamento, en la naturaleza. ¿Qué crees que está mal con esta idea? Posibilidad de que alguien los vea, o de contagiarse por ser un lugar poco aseado.

En una relación, eres tan responsable con tu pareja como lo es ella contigo. Ya no es "yo" sino "nosotros". Por supuesto, aunque debería haber elementos de egoísmo saludables, estas son solo sus limitaciones. Incluso el símbolo de conexión familiar, círculos conectados, significa que hay un área común y una zona de confort personal.

Por lo tanto, ambos socios no solo deben considerar los límites personales del otro, sino también encontrar un denominador común y un compromiso. Aquí hay que entender, ¿son realmente ellos o lo que otros pretenden de ellos? Estás en una relación y debes encontrar soluciones que no perturbe la comodidad de nadie. Si no lo haces, el sexo se convierte en una práctica nociva que no sirve de nada.

Si una persona no obtiene lo que quiere, se enfada. Es un mecanismo de defensa en la mente, una manipulación hostil. Después de todo, ¿por qué nos ofendemos? para inducir la culpa. En este caso, por defecto, el perjudicado tiene derecho. Esto significa que la otra parte involucrada en el conflicto debe sentirse culpable y disculparse.

Entonces comienza un juego donde ambos jugadores practican ciertos roles. El infractor es recompensado con una disculpa y la víctima recibe satisfacción psicológica.

Qué hacer si la pareja se ofende:

Entiende que esto es manipulación. Aléjate, no te involucres en un conflicto y no intentes provocar una respuesta bajo ninguna circunstancia. Espera a que se te pase el insulto, porque tarde o temprano pasará. Continua la conversación en un ambiente tranquilo, averigua la causa de la ofensa y encuentra una solución de compromiso. Si no encuentras esta solución, contacta con un profesional. No hay otra opción. Si no se puede encontrar un compromiso, la psicoterapia no ayuda o no quiere hacerlo, la relación termina.

Los límites personales con respecto a la sexualidad son muy importantes. No se trata solo del malestar físico y emocional que sufres por su agresión. Debes defender lo que consideras esencial para construir una relación saludable con el socio adecuado. ¿No es eso por lo que todos nos esforzamos de una forma u otra?

Capítulo 2
Zonas erógenas

El deseo sexual

El deseo sexual es una poderosa fuerza que impulsa a los seres humanos hacia la intimidad y la conexión con el otro. Es una experiencia compleja y multifacética que combina tanto elementos físicos como psicológicos. En este capítulo, exploraremos en profundidad el deseo sexual desde estas dos perspectivas, destacando la interacción entre lo físico y lo psicológico en el desarrollo y la expresión de nuestra sexualidad.

El Deseo Sexual Físico:

El deseo sexual físico está arraigado en nuestros cuerpos y hormonas. Los impulsos sexuales son impulsados por la producción de hormonas como la testosterona, tanto en hombres como en mujeres. Estas hormonas juegan un papel crucial en la excitación sexual y pueden aumentar el deseo y la atracción hacia otras personas. Además, las sensaciones físicas, como el tacto, los olores y los estímulos visuales, también pueden desencadenar respuestas sexuales.

La fase inicial del deseo físico a menudo se conoce como deseo espontáneo, donde se experimenta un impulso sexual sin una estimulación específica. Sin embargo, el deseo espontáneo no es la única forma de deseo sexual físico. Muchas personas también experimentan un deseo receptivo, donde el deseo surge en respuesta a una estimulación sexual específica, como el contacto íntimo con una pareja o estímulos eróticos.

El Deseo Sexual Psicológico:

El deseo sexual psicológico se refiere a los aspectos emocionales, cognitivos y sociales del deseo sexual. Nuestras experiencias, creencias, fantasías y emociones desempeñan un papel fundamental en la forma en que experimentamos y expresamos nuestro deseo sexual. Factores como la intimidad emocional (seducción verbal), la confianza, la seguridad y la autoestima pueden influir en la intensidad y la calidad de nuestro deseo sexual.

La conexión emocional y la intimidad con una pareja pueden aumentar el deseo sexual al crear un ambiente seguro y de confianza en el que podemos explorar nuestra sexualidad sin inhibiciones. Además, nuestras fantasías sexuales pueden desempeñar un papel importante en la estimulación del deseo sexual psicológico. Estas fantasías pueden ser producto de nuestra imaginación o basarse en experiencias previas o situaciones que nos resultan excitantes.

La influencia mutua de lo Físico y lo Psicológico:

Es importante destacar que el deseo sexual físico y el psicológico no existen por separado, sino que interactúan y se influyen. Nuestros estados mentales y emocionales pueden afectar nuestra respuesta física al deseo sexual, y viceversa. Por ejemplo, el estrés, la depresión o la ansiedad pueden disminuir nuestro deseo sexual, mientras que sentirnos emocionalmente conectados y seguros puede aumentarlo.

Además, las experiencias sexuales físicas también pueden influir en nuestro deseo sexual psicológico. Un encuentro sexual placentero y satisfactorio puede aumentar nuestra confianza y nuestra conexión emocional con la pareja, lo que a su vez puede aumentar nuestro deseo sexual en futuras interacciones.

¿Qué son las zonas erógenas?

Las zonas erógenas son áreas del cuerpo que, cuando se estimulan adecuadamente, pueden generar sensaciones de placer y excitación sexual. Estas zonas desempeñan un papel crucial en la respuesta sexual y pueden variar de una persona a otra. A continuación, exploraremos qué son exactamente las zonas erógenas, desmitificaremos algunos conceptos erróneos comunes y destacaremos la importancia de la exploración y comunicación en la intimidad sexual.

Como hemos dicho, las zonas erógenas son áreas del cuerpo que son especialmente sensibles y pueden responder de manera placentera a la estimulación sexual. Estas áreas están llenas de terminaciones nerviosas y pueden variar de una persona a otra en términos de sensibilidad y respuesta sexual. Algunas de las zonas erógenas más comunes incluyen los labios, los pezones, el cuello, los genitales, las orejas, las manos, los muslos internos y los glúteos. Sin embargo, es importante destacar que las zonas erógenas pueden ser únicas para cada individuo y pueden cambiar con el tiempo.

Importante

Cada persona tiene diferentes áreas del cuerpo que les resultan más sensibles y placenteras. Lo que puede ser una zona erógena para una persona, puede no serlo para otra. Por eso es importante la exploración del cuerpo, ya que una vez decodificado hace a la persona única.

Aunque los genitales son zonas altamente sensibles y erógenas, no son las únicas que pueden generar placer sexual. El cuerpo humano está lleno de diversas zonas erógenas, como las mencionadas anteriormente. Explorar y descubrir estas áreas puede enriquecer la experiencia sexual.

¿Qué es el punto "G"?

El punto G es un tema que ha generado curiosidad y debate en el ámbito de la sexualidad. Fue descubierto y descrito en detalle por el ginecólogo alemán Ernst von Grafenberg (de allí su nombre "G"), en los años cuarenta del siglo pasado. Tanto en hombres como en mujeres, se ha hablado de esta zona como un punto clave para alcanzar un placer sexual intenso. A continuación, exploraremos qué es el punto G en ambos géneros, cómo estimularlo y qué consideraciones tener en cuenta para una experiencia sexual placentera y consensuada.

El Punto G Femenino:

El punto G es una zona formada por tejido eréctil con una estructura granular, que aumenta de volumen con el impacto adecuado durante el coito. Esta zona erógena de 1 a 3 mm se encuentra en la pared frontal de la vagina, aproximadamente a unos 5 centímetros de la entrada vaginal. Se describe como una pequeña área de tejido esponjoso y sensible que puede responder a la estimulación sexual intensa.

Debido a su estructura granular, es fácil de detectar cuando se toca con un dedo. Al estimularla, el área comienza a aumentar y puede alcanzar el tamaño de una moneda pequeña.

Para estimular el punto G femenino, es importante que la mujer esté relajada y excitada. La estimulación puede realizarse mediante movimientos circulares o con una presión firme pero suave en la zona. Muchas mujeres encuentran que la estimulación del punto G puede llevar a orgasmos más intensos.

Sin embargo, es importante tener en cuenta que la sensibilidad y la respuesta al estímulo del punto G pueden variar en cada mujer. No todas las mujeres experimentan placer o sensaciones intensas a través de la estimulación del punto G, y algunas pueden incluso no encontrarlas fácilmente. Cada mujer es única en cuanto a sus preferencias y sensibilidades sexuales, por lo que la comunicación abierta y el consentimiento mutuo son fundamentales al explorar y estimular el punto G femenino.

El Punto G Masculino:

Aunque el punto G femenino es más conocido, también existe una zona erógena comparable en los hombres (aunque más controvertida), conocida como la próstata. La próstata es una glándula del tamaño de una nuez que se encuentra debajo de la vejiga y rodea la uretra masculina. Esta zona contiene una gran cantidad de terminaciones nerviosas y puede ser altamente sensible a la estimulación sexual.

La estimulación de la próstata puede lograrse mediante la inserción de un dedo o un juguete sexual adecuado en el ano, alcanzando la próstata a través de la pared rectal. Esta técnica, conocida como masaje de próstata o estimulación de la próstata, puede proporcionar a los hombres sensaciones placenteras y orgasmos más intensos. Es importante destacar que la estimulación de la promesa requiere consentimiento mutuo y comunicación abierta entre la pareja, ya que no todas las personas pueden sentirse cómodas o disfrutar de esta práctica.

Por otra parte, según las estadísticas, el mayor placer que considera el hombre, no es en el coito a una mujer, sino en el sexo oral que ella le practica.

Consideraciones Importantes:

Comunicación y consentimiento: Al explorar y estimular el punto G, ya sea en hombres o mujeres, es fundamental contar con una comunicación abierta y honesta con la pareja. Cada individuo tiene sus preferencias y límites, por lo que es importante respetarlos y ajustar la estimulación en función de la retroalimentación y el consentimiento mutuo.

Producir resultados instantáneos: La estimulación del punto G puede requerir práctica y exploración para descubrir qué técnicas y presiones son más placenteras para cada persona. Tómate el tiempo para experimentar y descubrir lo que funciona mejor para ti o para tu pareja.

Lubricación y relajación: Tanto en la estimulación del punto G femenino como en la próstata masculina, es importante asegurarse de que haya lubricación para evitar cualquier molestia o incomodidad suficiente. Además, es esencial que la persona receptora se sienta relajada y cómoda durante la estimulación. La relajación contribuye a una experiencia más placentera y reduce la posibilidad de dolor o tensión.

Exploración individual: Cada individuo es único en términos de sus preferencias y sensibilidades sexuales. Es importante recordar que no todas las personas experimentarán el mismo nivel de placer o sensaciones intensas a través de la estimulación del punto G. Algunas personas pueden encontrarlo altamente placentero, mientras que otras no pueden sentir ninguna respuesta notable. La exploración individual (masturbación), el autoconocimiento y la experimentación son clave para descubrir qué es lo que te brinda mayor satisfacción y placer.

Enfoque en el placer global: Si bien la estimulación del punto G puede ser una experiencia sexual gratificante, es importante recordar que el placer sexual no se limita a una sola área del cuerpo. El placer sexual es una experiencia holística que involucra a todo el cuerpo y la mente. Centrarse únicamente en la estimulación del punto G puede limitar las posibilidades de explorar y disfrutar de otras zonas erógenas y formas de placer.

El juego previo, la estimulación de otras zonas erógenas, como los cabellos, los labios, el cuello o los muslos, así como la conexión emocional y la comunicación íntima, son componentes esenciales para crear una experiencia sexual satisfactoria y placentera.

Recuerda que el placer sexual es una experiencia personal y única, y que el enfoque en el placer global y la conexión emocional son igualmente importantes en la exploración de la sexualidad. Disfrutar y compartir una experiencia sexual satisfactoria requiere respeto mutuo, consentimiento informado y una comunicación abierta y honesta entre los socios.

¿Qué es el orgasmo?

El orgasmo es un momento culminante de intensa satisfacción sexual y placer. Aunque tanto hombres como mujeres pueden experimentar orgasmos, existen diferencias en la forma en que se alcanzan y se experimentan. A continuación, exploraremos las características y las diferencias entre el orgasmo masculino y femenino, destacando la importancia de comprender y respetar la diversidad en la sexualidad humana.

El orgasmo masculino:

El orgasmo masculino es un evento fisiológico y emocional que se caracteriza por contracciones rítmicas del músculo pubococcígeo y la expulsión de semen a través de la eyaculación. Durante el orgasmo, los hombres suelen experimentar una sensación intensa de placer y liberación sexual. La duración del orgasmo varía de un individuo a otro, pero generalmente se acompaña de una sensación de alivio y relajación después de la liberación sexual.

El orgasmo femenino:

El orgasmo femenino es un proceso más complejo y puede variar en intensidad y duración. A diferencia del orgasmo masculino, no está asociado a la expulsión de fluidos. El orgasmo femenino se caracteriza por contracciones involuntarias de los músculos del suelo pélvico y la estimulación placentera de las zonas erógenas. La forma más común de alcanzar el orgasmo en las mujeres es a través de la estimulación del clítoris, aunque algunas mujeres pueden experimentar orgasmos a través de la estimulación vaginal, el punto G u otras áreas sensibles.

Diferencias en la Respuesta Orgánica:

Tiempo de Resolución: Tras el orgasmo, los hombres experimentan un período refractario, durante el cual generalmente no pueden alcanzar otro orgasmo de inmediato. Este período refractario puede variar en duración y aumentar con la edad. Por otro lado, las mujeres tienen la capacidad de experimentar múltiples orgasmos consecutivos sin un período refractario, lo que significa que pueden experimentar una mayor continuidad en la respuesta orgásmica (multiorgasmos).

Experiencia subjetiva: La experiencia del orgasmo también puede diferir entre hombres y mujeres. Algunas mujeres describieron el orgasmo como una sensación de oleadas placenteras que se propagan por todo el cuerpo, mientras que otras pueden experimentar contracciones más localizadas en el área genital. En el caso de los hombres, el orgasmo se suele describir como una sensación de liberación y placer intenso que se concentra principalmente en la zona genital y se acompaña de la eyaculación.

Respuesta Orgásmica: La respuesta orgásmica también puede variar en términos de tiempo y desencadenantes. En general, los hombres suelen alcanzar el orgasmo más rápidamente que las mujeres. Por otro lado, las mujeres pueden requerir más tiempo y estimulación continua para llegar al clímax. Esto se debe a que el orgasmo femenino está influenciado por diversos factores, como la excitación, la estimulación adecuada del clítoris y otras zonas erógenas, así como la conexión emocional y el estado mental.

Es importante destacar que estas diferencias no implican que un tipo de orgasmo sea superior o más satisfactorio que el otro. Cada individuo tiene sus propias preferencias y formas únicas de experimentar el orgasmo. Lo fundamental es reconocer y respetar la diversidad en la sexualidad humana, fomentar la comunicación abierta y el entendimiento mutuo en las relaciones íntimas.

Zonas erógenas femeninas que todo hombre debería conocer

En manos de un amante experimentado, todo el cuerpo de una mujer puede convertirse en una zona erógena, desde la punta de los dedos de los pies hasta la piel de la coronilla. Sin embargo, hay puntos donde el tacto da el mayor placer.

1. El clítoris
El clítoris puede llamarse el "botón rojo" que provoca una intensa experiencia sexual. Recuerde, debe poder manejar este botón.

La mayoría de las mujeres prefieren que los hombres no acaricien el clítoris en sí, sino el área que lo rodea. De lo contrario, la sensación puede ser demasiado fuerte y causar molestias.

2. Pezones
Es el segundo punto más sensible del cuerpo de una mujer. El masaje de pezones estimula las mismas áreas del cerebro que la estimulación del clítoris. Es cierto que no se puede comparar con los fuegos

artificiales del clítoris: la excitación es un poco menos intensa. Sin embargo, tocar esta zona también puede provocar un orgasmo. Las mujeres lo describen como algo que madura dentro del cuerpo durante mucho tiempo, luego estalla y lo cubre en una ola de sensaciones.

3. Vagina

Como ya hemos citado, aquí está el punto G; pero también los menos conocidos "Punto A" (Se trata de un área vaginal profunda que se encuentra en la parte superior del canal vaginal, en la hendidura donde el cuello uterino desciende y forma un espacio abovedado entre éste y la vejiga. Esta zona también forma parte de lo que llamamos el 'complejo del clítoris', ya que está conectada al clítoris indirectamente a través de las conexiones de la esponja uretral", y el "Punto K" (este punto recibe el nombre de Kundalini. En el hinduismo, Kundalini es una forma de energía divina que se encuentra en la base de la columna vertebral. Fisiológicamente, el punto K es el área situada justo alrededor de la base de la columna vertebral, donde el plexo sacro está dotado de muchas terminaciones nerviosas que también se cruzan con los genitales. Esto significa que tocar y estimular esta zona puede ayudar a alcanzar muchas otras al mismo tiempo). Pero cada mujer tiene su punto sensible preferido. Y solo experimentando puedes "sentir" la zona de la felicidad. Por cierto, los puntos están separados, por lo que es probable que te encuentres con uno de cerca si sabes explorar.

4. Pubis

El pubis (el área por encima del hueso púbico, que se encuentra justo encima del clítoris) también es rico en terminaciones nerviosas. Aunque no coincide con la sensibilidad del clítoris o los pezones, masajear esta zona también puede traer mucho placer sexual. Además, los labios y el clítoris pueden estimularse indirectamente acariciando el hueso púbico hacia arriba y hacia abajo con los dedos. Esto aumentará la sensación agradable.

5. Boca y labios

Los labios son uno de los centros de placer más poderosos. Están relacionados con la primera experiencia de amor y seguridad de cada persona. Cuando somos bebés, todos presionamos nuestros labios contra los senos de nuestra madre, y esta acción crea conexiones neuronales en el cerebro que asocian la estimulación de los labios con sentimientos de alegría, amor y seguridad.

En muchos sentidos, esta es la razón por la que besar se convierte en una parte integral de las relaciones románticas e íntimas en la edad adulta. Tocar los labios de tu pareja con la lengua, rodarlos suavemente con los dedos, chupar o morder suavemente: todo esto brinda una gran experiencia.

6. Muslo interno

La combinación de una piel fina y delicada y la proximidad de los genitales hace que la cara interna de los muslos sea una de las zonas erógenas más importantes del cuerpo de la mujer. Toque el área con los dedos y acaricie con la lengua.

7. Caderas

Masajear, golpear, acariciar: todo esto aumenta la circulación sanguínea en el área pélvica. Por lo tanto, tocar las nalgas aumenta la excitación sexual. Es importante prestar atención a las reacciones de la mujer y elegir el método de estimulación más conveniente para ella.

8. Ano y alrededores

El ano está lleno de terminaciones nerviosas y es muy sensible. Es por esta razón que el llamado orgasmo anal es posible.

Recuerda que, a diferencia de la vagina, el ano no está lubricado. Además, la piel alrededor y dentro del ano es más delgada y suave que la de la vagina. Entonces, si decides probar el sexo anal, utiliza lubricante y hazlo lentamente, suavemente y con cuidado.

9. Lóbulos de las orejas

Están literalmente llenos de terminaciones nerviosas y son tan sensibles que muchas personas se emocionan incluso con un susurro. Intenta besar, lamer o pellizcar el lóbulo de la oreja de tu pareja; definitivamente la excitará y la hará más apasionada.

10. Cuello

Besar el cuello es uno de los clichés más románticos de Hollywood, y por una buena razón. La piel aquí es delgada y sensible. También desde un punto de vista puramente biológico, el cuello es un lugar vulnerable donde tratamos de no dejar entrar a nadie.

Si a alguien se le permite entrar, lo consideramos un acto íntimo. Casi tan íntimo como el sexo. Besar, tocar con los dedos y acariciar las áreas sensibles debajo del cabello con la lengua son formas seguras de excitar a tu pareja y ponerla de humor.

11. Manos y muñecas

La piel del interior de la palma es fina y delicada, mientras que la piel de los dedos es extremadamente sensible. Por lo tanto, apretando la muñeca de su pareja o jugueteando la piel con la lengua, pellizcando los dedos, se pueden lograr resultados excitantes increíbles.

Las zonas erógenas más infravaloradas

Los genitales, los senos, el pecho, el cuello y los labios son áreas estándar de enfoque durante las relaciones sexuales. Pero muchas partes del cuerpo se descuidan innecesariamente.

1. Piernas

El juego en los pies no es solo para fetichistas. De hecho, los dedos y los pies son muy sensibles, por lo que tocarlos es un gran placer.

La reflexología, una práctica de medicina alternativa basada en exponer ciertas áreas de los pies, las manos y las orejas, identifica ciertos puntos asociados con la excitación sexual. Un masaje relajante de pies es una excelente manera de encontrar estos puntos.

2. Espalda

Otra zona, bastante amplia, donde se concentran las terminaciones nerviosas. Intenta pasar los dedos por la columna vertebral de tu pareja o besar suavemente su espalda, deteniéndote donde ella comience a respirar o gemir. Un masaje relajante en la espalda es otra forma de recuperar energías después de un duro día de trabajo. Esto no solo alivia la tensión, sino que también aumenta el flujo de sangre a la pelvis.

3. Vientre

El abdomen es una zona tan erógena que algunas mujeres pueden llegar al orgasmo tensando sus músculos. Pero incluso si la pareja no es capaz de esto, los toques sensuales en el vientre le darán placer.

4. Nalgas

Donde puedes liberar tus manos. A unos le gustan las palmadas y un agarre bastante firme, mientras a otras le gusta el toque más ligero. Solo queda elegir el camino correcto que sea conveniente para ambas partes.

5. Codos y rodillas

Estas áreas del cuerpo son probablemente las más subestimadas. Y en vano, hay muchas terminaciones nerviosas dentro de los codos y las rodillas esperando ser atendidas. Algunos pueden tener picazón al tacto. Pero si besas, masajeas suavemente o incluso muerdes estas partes, seguramente complacerás a tu pareja.

6. El cerebro

En él nace el deseo sexual, y se estimula de todas las formas posibles. Crea una atmósfera romántica a tu alrededor, trata de mantener el contacto visual y usa el perfume favorito de tu pareja. No olvides comunicarte (incluidos susurros y blasfemias). Lo mejor es hacer esto antes de la reunión enviándole un mensaje divertido a la persona que te gusta. Si te interesa profundizar en el tema, te recomiendo ampliar tus horizontes con la PNL (Programación Neuro-Lingüista, sobre las características de las personas: visuales/auditivas/kinestésicas).

Finalmente, cabe destacar que cada cuerpo es individual, por lo que las zonas erógenas pueden diferir. Tómate el tiempo para explorar los paisajes sexuales de cada uno y encontrarlos. Esta actividad seguramente te llevará a la diversión y tal vez a algunos descubrimientos.

Capítulo 3
Posiciones sexuales atrevidas

Debido a que la lista completa de "posiciones sexuales" ya las hemos tratado en otros de mis libros, en este capítulo solo abordaremos las que se consideran "diferentes" y que pueden arrojar una pisca de condimento a la relación sexual.

Las mejores posiciones para el sexo duro

Lo prioritario: Investiga las medidas de seguridad y obtén el consentimiento de tu pareja antes de involucrarse en juegos íntimos y rudos.

El sexo duro tiene varias ventajas innegables sobre el sexo regular. Las mujeres informan que tienen un orgasmo más rápido cuando sus parejas son groseras y agresivas (en términos sexuales). Los hombres informaron que experimentan más placer físico cuando son fuertes y dominantes. Por supuesto, esto no garantiza que el sexo duro sea adecuado para ti. Aun así, vale la pena intentarlo al menos una vez. Eso sí, sigue ciertas medidas de seguridad.

Cosas a considerar antes de practicar sexo duro

Alcanzar un acuerdo
El sexo duro es un juego íntimo, no violencia. Tu trabajo es crear variedad y que sea divertido para

ambas partes. Entonces, antes de agregar la rigidez, asegúrate de que a tu pareja no le importen los cambios. El consentimiento debe expresarse claramente. Por ejemplo, algo como esto: "Sí, me gustaría probar eso también". Si solo crees que a tu pareja no le importará, no cuenta.

Palabra de parada

El sexo duro no es una técnica BDSM (originalmente basada en infligir dolor y humillación). En este caso, la grosería pretende enfatizar el entusiasmo del compañero; por ejemplo: un hombre ama tanto a su mujer que no puede evitarlo, así que sin juegos previos le levanta la falda, empuja con fuerza y penetra. Por otro lado, el deseo de una mujer por ese hombre es tan fuerte que no puede resistirlo.

Sin embargo, el sexo duro también puede doler. Es importante que la pareja dominante entienda claramente cuándo detenerse. Para hacer esto, debe discutir de antemano la palabra clave: una expresión corta que, cuando ambos la escuchan, detiene inmediatamente el juego sexual. En BDSM, la palabra "rojo" se usa a menudo por analogía como un semáforo prohibido. Tómese este término de parada si no se le ocurre nada más.

Listo para cambiar roles

Digámoslo de nuevo: el sexo duro es ante todo un juego. Cada amante tiene un papel que desempeñar. Tradicionalmente, los hombres son el macho dominante, mientras que las mujeres son princesas vulnerables obligadas a someterse a la presión masculina. En el caso de las parejas del mismo sexo, ellos inventan sus roles, pero en general, hay un dominante y un pasivo.

Pero esta no es la única opción posible. El patriarcado conservador ha reinado durante mucho tiempo, por lo que la mujer también puede comportarse como una amazona severa y orgullosa, triunfando sobre su humilde cautivo. Esta es, por supuesto, la voluntad de ambas partes.

Recuerda que el sexo duro es más que coito

La naturaleza de esta intimidad no es el coito duro. Es el hecho de que uno de los socios muestre pleno poder sobre el otro; y que, en efecto, ambos lados están llenos de deseo, incapaces de controlar sus impulsos. Entonces, el preludio a menudo (no siempre) falta. "Él es rudo con ella, sin juegos previos": este tipo de cosas se encuentran en muchas obras de ficción para mujeres y, a juzgar por la circulación, a las damas también les gusta.

El sexo duro también puede ir acompañado de:

Nalgadas: Este elemento del juego del amor se llama azotes.

Arañazos: Las que dejan las garras de la hembra sobre el lomo del macho. Lo principal aquí es no exagerar.

Mordiscos: Mismo consejo que en el apartado anterior: No te excedas al morder el pecho, el cuello y las orejas de tu pareja.

Tirón del pelo: Algunas chicas se emocionan cuando los chicos les aprietan el cabello, lo que les da más control sobre ellas. Pero recordemos: si eres hombre y planeas probar un truco de este tipo, primero pregunta la opinión de tu pareja sobre este asunto. O al menos observa la reacción de cerca y prepárate para soltarte el pelo.

Groserías: Las palabras ásperas susurradas al oído a veces también pueden alentar los juegos de amor. A menos que el socio se oponga.

Toma prestada de estos métodos lo que encuentres más emocionante.

Cuídense unos a otros después de que terminen
El sexo duro parece una violación. Después de eso, el socio subordinado puede sentirse vulnerable, "usado". Para asegurarse de que el sexo no lo deje sintiéndose mal, termínelo con un beso afectuoso y pase un tiempo abrazándose y hablando.

¿Qué posición es mejor para el sexo duro? En estas posiciones, el control de una parte sobre la otra es más pronunciado.

1. Entrada trasera (tipo perrito)
Hay docenas de variaciones de posición de rodilla y codo. Pero todos ellos tienen una cosa en común: el hombre tiene el control total de la situación.
Bonificaciones adicionales: la máxima profundidad de penetración posible, una imagen hermosa (la entrada

trasera se ve bien en el espejo) y flexibilidad (en esta posición puedes tener sexo en casi cualquier lugar.

2. Misionero con las piernas levantadas

A veces, esta pose se llama "formal": la mujer se acuesta boca arriba, el hombre se presiona sobre ella y sus piernas se colocan sobre sus hombros como correas para los hombros. En esta posición, la mujer está completamente a merced de su pareja. Es él quien ajusta la profundidad y el ángulo de entrada y, al mismo tiempo, sujeta al oponente sin esfuerzo y suprime fácilmente la menor resistencia.

3. El hombre sobre la espalda de ella

Un clásico del género: un episodio de la película "El último tango en París". Los personajes de Marlon Brando y María Schneider tienen sexo anal rudo. Puedes tomar prestadas sus soluciones o elegir una variante más tradicional.

4. Sobre la mesa

Al igual que con el estilo perrito, el sexo tiene muchas opciones sobre la mesa. El más adecuado para el sexo duro se ve así: un hombre pone de pecho a una mujer, la inclina hacia la superficie de la mesa y, apoyándose en su pareja desde arriba, entra por detrás.

5. Amazona

Ideal para situaciones donde la pareja dominante es una mujer. Cuando "cabalga" sobre un hombre, puede experimentar plenamente la sensación de la posición dominante, porque es una "jinete" que no solo regula la velocidad de penetración, sino que también regula el ángulo y la profundidad de penetración. Pero el hombre también puede controlarse a sí mismo en esta posición: solo necesita apretar los antebrazos de su pareja con las manos, y luego puede realmente ponerla sobre su pene.

6. De pie, contra la pared

La mujer está de pie junto a la pared y apoyada contra ésta. El hombre le levanta la pierna y, sujetándola por debajo del muslo, entra.

En esta posición, es difícil para la pareja mantener el equilibrio, por lo que la mujer está literalmente en manos del amante y se ve obligada a obedecer.

7. Sexo oral

Una versión "grosera" ideal: el hombre sostiene la cabeza de una mujer arrodillada frente a él. Esta es una posición esclava en la que el compañero tiene un control casi total sobre la velocidad y la profundidad del impulso.

Posiciones sexuales para parejas listas para probar

Vale la pena probar las posiciones de un trio, las variaciones de juguetes íntimos y las posiciones inusuales si está cansado de los clásicos.

1. Ángulo

Esta pose puede parecer inusual, pero en realidad es muy fácil de hacer: el hombre se sienta, la mujer se acuesta en su regazo, con las piernas envueltas alrededor de sus caderas. En esta posición, la pareja se sentirá bien y podrá acariciar su clítoris.

2. Equitación doble

Un hombre definitivamente querrá esta posición, aunque solo sea porque involucra a dos mujeres al mismo tiempo, y no requiere ningún esfuerzo especial de su parte. De hecho, la situación no es nada especial: una chica se sienta en el puesto del conductor sobre el pene de él, mientras la otra se sienta sobre su cara, para que él lama su vagina. Pero el triángulo (con el enfoque correcto) es un experimento brillante y memorable que definitivamente ayudará a refrescar la relación.

3. 69 +1

Otra posición divertida de trío donde las chicas se hacen el amor oral en la posición 69 mientras el chico penetra a una de ellas por detrás. Los beneficios son claros: todo está bien y todos felices.

4. Sexo con esposas

Un accesorio tan común, que parece estar disponible en cualquier sex shop o a pedido en una tienda on-line, deja mucho a la imaginación. ¡experiméntalo!

5. Cachorro con vibrador

El estilo perrito no es el favorito de todas las mujeres, pero esta postura se puede mejorar estimulando el clítoris con un vibrador. Finalmente puedes probar el sexo anal si aún no te has decidido. La estimulación del clítoris debería hacer que un proceso que no les gusta a todas las chicas (lo que no se puede decir de los chicos) sea mucho más agradable.

6. Anti-vaquera para el sexo anal

Otra posición para el sexo anal. Se diferencia del anterior en que aquí la iniciativa está en manos de la mujer, clara ventaja de la pareja (y del proceso): la chica controla la profundidad e intensidad de la penetración, reduce el dolor o el riesgo de dolor o daño.

7. Sexo en sitios públicos

Nuevamente, el sentimiento aquí no está en la posición en sí (es casi imposible sorprender a alguien en una posición "de pie"), sino en la situación. El sexo en público es un verdadero subidón de adrenalina. Lo más importante es elegir el lugar y esconderse bien: lo suficiente como para ponerte nervioso, pero no tanto como para acabar en la comisaría más cercana.

8. Doble penetración

Otro triángulo: esta vez la tercera persona no es una mujer, sino un hombre. A las parejas solteras definitivamente les gustará esta posición, ya que muchas chicas fantasean con tales escenas de sexo.

9. Posición del misionero con anillos

Otro ejemplo de cómo los juguetes sexuales pueden cambiar las actitudes tradicionales. Un anillo de erección es un dispositivo que mantiene el pene erecto por más tiempo y, si además vibra, puede brindar verdadero placer a la pareja en ciertas posiciones. Por ejemplo, en la clásica posición del misionero, el pene estimula el clítoris.

10 Arrodillarse

Si no quieres invitar a otras personas al dormitorio y gastar dinero extra, intenta posiciones inusuales. Uno de ellas es la posición de rodillas. Está muy bien pensada y es fácil de hacer. Ajustar la altura es solo cuestión de poner la almohada en las piernas.

11. Sexo oral a cuatro patas

Esta posición puede parecer inusual, pero no lo es. La posición rodilla-codo está asociada con el dominio masculino, y las mujeres se excitan más en esta posición. Si llevas mucho tiempo queriendo hacer la transición del "sexo vainilla" (tradicional) al sexo más duro, esta es tu oportunidad de empezar.

12 Cangrejo en movimiento

Esta posición no es la más fácil de realizar. Los socios se sientan uno frente al otro, con las piernas separadas y realizan los movimientos más sincronizados. Si has hecho todo bien, juntos se verán vagamente como un cangrejo en movimiento (de ahí el nombre). Es difícil llegar al orgasmo en esta posición, pero es una buena opción para el sexo lento (que es una experiencia sexual divertida en sí misma).

Capítulo 4
Sexo tántrico

Consejos para quienes quieren probar el sexo tántrico

Esta es una opción ideal para aquellos que no buscan un orgasmo rápido, pero quieren anticipar el proceso y disfrutarlo a fondo.

El sexo tántrico debe gran parte de su popularidad al cantante Sting, quien una vez habló de tener una aventura amorosa de siete horas con su esposa. De hecho, el coito tántrico en sí mismo puede durar desde 15 minutos para un principiante hasta 2-3 horas para un corredor de maratón experimentado.

¿Qué es el sexo tántrico y por qué deberías probarlo? La palabra "tántrico" tiene varias variantes de su traducción literal del sánscrito: "tejido", "tela", "hilo usado para conectar cosas". En sentido figurado, se refiere a una energía infinita primordial que impregna y une a todos los seres vivos. Las enseñanzas tántricas complejas y completas que se originaron en la India hace miles de años evolucionaron hacia el budismo. Toca todas las áreas principales de la vida humana, inclusive la sexualidad, que es importante pero no una gran parte de la enseñanza.

Participar en el sexo tántrico significa trabajar con la energía sexual masculina (Shiva) y femenina (Shakti) para el crecimiento espiritual. Habiéndose fusionado, los socios logran la máxima iluminación. Una persona moderna no tiene tiempo ni necesidad de sumergirse en un sistema tan comprometido y complicado, pero le puede bastar con sacar algo útil de ahí, por ejemplo, la idea del coito lento.

El sexo tántrico ayuda a fortalecer su conexión emocional con su pareja y brinda beneficios generales para la salud. En las relaciones íntimas, el nivel de hormonas del estrés disminuye, pero aumenta la producción de serotonina.

Algo para recordar

Tántrico significa preparación básica del cuerpo y la mente. Para hacer esto, es mejor aprender meditación, ejercicios de respiración y estiramientos con anticipación.

También necesitarás:

Tiempo de preparación (preferiblemente al menos dos días) y el proceso en sí (al menos dos horas). Una habitación cómoda donde nadie ni nada pueda distraerte, y un socio permanente con el que construyes una relación de confianza a largo plazo. Las personas que recién conoces no son adecuadas para el sexo lento y placentero, porque el objetivo del Tantra es una profunda intimidad emocional.

Como preparar el cuerpo

En primer lugar, este elemento se puede omitir. Pero aquellos que quieran llegar a las alturas del sexo tántrico deben tener en cuenta los siguientes deseos.

1. Abstenerse

Es aconsejable almacenar tu energía sexual para un largo maratón de sexo. El período mínimo de abstinencia es de dos días.

2. Mantenerse alejado de la comida chatarra

Para que el cuerpo se sienta relajado, no comas carne ni grasas al menos en la víspera del sexo. Miel, frutas y nueces son aconsejables.

3. Estiramientos adecuados

Un conjunto de ejercicios de estiramiento justo antes de tu cita te ayudará a tener más control sobre tu cuerpo.

Cómo preparar una habitación

El ambiente

El sexo tántrico no debe realizarse en la mesa de la cocina, en una cama chirriante o en un sofá o cama incómoda. No puede haber cuerpos doloridos ni sonidos extraños desagradables: todo alrededor debe crear alegría y paz.

1. Intenta conseguir una temperatura agradable

Si la habitación está caliente y mal ventilada, ventílala. Si tienes aire acondicionado, mantén la temperatura entre 20 y 22°C.

2. Velas encendidas o luces de noche

El Tantra recomienda tener relaciones sexuales durante el día para que puedas ver y apreciar a tu pareja. Pero la noche también es adecuada para los débiles de corazón si se proporciona una iluminación suave y cómoda con velas o luces nocturnas.

3. Llena la habitación con tu fragancia favorita

Aromatiza, rocía aceites esenciales sobre una almohada y coloca un ramo de flores. Cualquier aroma que te agrade pero que no sea abrumador es bueno.

4. Suaviza el ambiente

Extiende las almohadas, coloca una manta suave en el suelo y cubre la cama con sábanas de textura suave. Cualquier cosa que suavice las esquinas afiladas y haga que el espacio circundante sea más cómodo servirá.

Pasos previos: Cómo deshacerse del estrés

Se puede hacer solo o con un compañero.

1. Pon música relajante

Puede ser una melodía relajante y meditativa. Aún mejor: sonidos de la vida silvestre.

2. Meditar

10-15 minutos de meditación te ayudarán a deshacerte de los pensamientos no deseados y concentrarte en la alegría que se avecina. Visualiza la energía fluyendo desde tu cabeza a través de tu cuerpo hacia la tierra.

3. Hacer ejercicios de respiración

Se recomiendan 15 minutos (preferiblemente 30 minutos) antes de que comiencen a intimar. Después de todo, el éxito en el sexo tántrico depende en gran medida de la capacidad de respirar correctamente.

Ofrecemos tres ejercicios para que elijas:

• **Respiración estimulante:** Se "abre" el flujo de energía y desarrolla la conciencia. Cierra los ojos y relaja los músculos abdominales. Cierra la boca y respira por la nariz durante 15 segundos. Idealmente, puedes inhalar y exhalar tres veces por segundo. Cuando termine el ciclo, respira normalmente. Toma otra respiración rápida, ahora por 20 segundos. Aumente cada bucle en 5 segundos hasta llegar a un minuto.

• **Respiración "4-7-8":** Ayuda para aliviar el estrés y relajarse: Inhala por la boca, luego cierra la boca. Inhala profundamente por la nariz mientras cuentas hasta cuatro. Aguanta la respiración mientras cuentas hasta siete. Exhala completamente por la boca, contando hasta ocho. Repite el ejercicio cuatro veces.

• **Respirar contando:** Te permite despejar pensamientos, establecer una conexión entre mente y cuerpo. Cierra los ojos y haz tres respiraciones profundas. Respira un poco normalmente. Inhala y exhala contando hasta uno. En la siguiente exhalación, cuenta hasta dos. Repite hasta llegar a cinco. Repita todo el ciclo de uno a cinco durante 10 minutos.

Cómo sintonizar con tu pareja

Incluso si todo está bien contigo, no es suficiente para un intercambio completo de energía y una conexión profunda. Sigue los siguientes pasos:

1. Contacto visual
Haz el contacto... y no lo pierdas de nuevo. Para los juegos previos y el sexo en sí mismo, el Tantra requiere una participación con los ojos abiertos.

2. Acuéstate y abraza
Incluso si están arropados. En el sexo tántrico no suele ser necesaria la desnudez total. Lo más importante es que te sientas bien. Siente la cercanía del cuerpo de tu ser querido y escucha los latidos de su corazón. Pero no olvides el alma: sigue mirándola a los ojos. Cuando abrazas, intercambias energía y continúas fortaleciendo el vínculo.

3. Sincroniza tu respiración
Inhala y exhala al mismo tiempo que tu pareja. Una opción más avanzada es exhalar mientras tu pareja inhala.

4. Prueba un beso tántrico

Durante el beso, exhala mientras tu pareja inhala y viceversa. Entonces intercambian respiraciones, lo que solo intensifica el intercambio de energía.

5. Regala un masaje erótico

No importa cómo y con qué masajearás a tu pareja. Lo principal es no perderse nada. Idealmente, si logras prestar atención a cada célula del cuerpo, abultada y hueca.

Cómo tener sexo tántrico

Lo más importante, tómate tu tiempo.

1. Aprendiendo la pose de Yab Yum

Hay muchas posiciones de diversa complejidad en el sexo tántrico. Pero hay que empezar por los clásicos. En cambio, yab-yum, que significa "padre-madre" en tibetano, el dios hindú Shiva y su esposa Shakti se aparean (es decir, se trascienden a sí mismos), es muy sencillo:

El hombre se sienta con las piernas cruzadas ("estilo indio"), y la mujer se sienta frente a él en su regazo con las piernas envueltas alrededor de su torso y cintura. Los socios ponen una mano en el cuello del otro, la segunda, en la parte inferior de la espalda. Yab-yum ayuda a crear un intercambio de energía y crea un fuerte vínculo tántrico entre ellos.

Se deben seguir las reglas que ya citamos: tómense su tiempo, respiren sincronizados y mírense a los ojos.

2. Experimente

Si Yab-yum todavía no es excelente, prueba cualquier otra posición que funcione para ti. Pero preferiblemente que estén uno frente al otro y puedan manejar el proceso juntos.

3. Inhala profundamente

Durante el sexo, trata de controlar tu respiración. Debe ser uniforme y suave. Además, lo más profundo posible. Respira no solo con el pecho lleno, sino también con el estómago.

4. Trabajar el flujo de energía

Concéntrate en movimientos corporales lentos y sincronizados. En esta situación, imagina que la energía sube desde los genitales hacia la espalda, viaja por todo el cuerpo, llega a la parte superior de la cabeza y fluye hacia la pareja. Ten cuidado: no todos los principiantes pueden visualizar todo el camino de abajo hacia arriba y no reírse.

5. Controla tu estrés

Si sientes que el clímax está cerca, tómate un descanso y espera hasta que la emoción disminuya un poco. Y así varias veces, hasta que lleguen a un orgasmo simultáneo, brillante y poderoso. Y si no vienes, también está bien. Recuerda que en el sexo tántrico esto es generalmente la décima cosa. Todo se inició por el bien de la iluminación, la expansión de la conciencia y la unidad de las almas.

Capítulo 5
Afrodisíacos

Libido: La palabra clave

Libido es un término que se usa en medicina y psicoanálisis de manera general para denominar al deseo sexual de una persona. Como comportamiento sexual, la libido ocuparía la fase apetitiva en la cual un individuo trata de acceder a una pareja potencial mediante el desarrollo de ciertas pautas del comportamiento humano.

La reducción de la libido es la disminución del impulso sexual. Las posibles causas incluyen factores psicológicos (como depresión, ansiedad o problemas de relación), fármacos y niveles bajos de testosterona en sangre.

¿Quién necesita afrodisíacos y por qué?

La palabra "afrodisíaco" proviene del nombre de la diosa Afrodita, venerada en Grecia como guardiana del amor. Las sustancias que afectan la libido se han utilizado desde la antigüedad, pero desde entonces se han mantenido en un mayor secreto. Los curanderos vendían pociones y polvos que ayudaban a "encantar" a una persona o fortalecer un matrimonio.

Ahora bien, los afrodisíacos no están dotados de un significado tan mágico y su efecto es comprensible.

Estas sustancias estimulan la libido al actuar sobre las estructuras subcorticales del cerebro, aumentando la sensibilidad de las zonas erógenas y aumentando el flujo sanguíneo. Los afrodisíacos pueden mejorar el tono general del cuerpo y la actividad en el área íntima. Sustancias especiales ayudan a quienes se sientan cansados y agotados, llenos de incertidumbre y estrés, que es una de las causas más común de disfunción eréctil a una edad temprana.

Productos afrodisíacos para hombres y mujeres: ¿hay alguna diferencia?

En general, los productos afrodisíacos realmente se pueden dividir en masculinos y femeninos. Al mismo tiempo, las mujeres se verán más influenciadas por los productos que reducen el estrés y ayudan a relajarse.

Los mejores afrodisíacos naturales para ellas son los pescados grasos, el chocolate, el vino tinto y los alimentos ricos en triptófano (aminoácido necesario para el crecimiento normal en los bebés y para la producción y mantenimiento de las proteínas, músculos, enzimas y neurotransmisores del cuerpo. Este aminoácido no lo produce el cuerpo por lo que se debe obtener de la alimentación. (pan de salvado, pollo, pavo, nueces, plátanos).

Para responder a la pregunta, qué productos contienen afrodisíacos masculinos, principalmente aquellos que contienen nutrientes beneficiosos para la potencia: especias, nueces y semillas, pescados y mariscos, frutas.

Un estudio de 2019 publicado en la revista Current Pharmaceutical Biotechnology encontró que la dieta puede afectar la salud reproductiva y la fertilidad. Una gran cantidad de ácidos grasos trans, carbohidratos simples, proteínas de animales y alimentos con un alto índice glucémico conducen a una disminución de las funciones reproductivas masculinas y femeninas. Una dieta rica en ácidos grasos omega-3 y omega-6, proteínas vegetales y alimentos de bajo índice glucémico, por el contrario, aumenta las posibilidades de concepción.

Productos anti-afrodisíacos

Hay productos que tienen un efecto negativo sobre el deseo sexual. En primer lugar, se incluyen productos que reducen los niveles de testosterona, es decir, la hormona responsable de la libido en hombres y mujeres.

Estos son:

Soja: Cuanta más soja contenga un producto, más rápido caerán los niveles de testosterona. La soja contiene muchos fitoestrógenos, análogos de la hormona femenina estrógeno.

Legumbres: En grandes cantidades afectan al organismo como la soja.

Azúcar y carbohidratos simples: Provocan un pico de insulina en la sangre, lo que reduce la producción de testosterona.

Productos ahumados: Debido a su alto contenido de sal, pueden afectar negativamente la función de los vasos sanguíneos y suprimir la producción de testosterona.

Levadura: También son ricas en fitoestrógenos, y no es casualidad que los amantes de la cerveza tengan barriga cervecera.

¿Por qué necesitamos afrodisíacos y qué alimentos se cree que promueven la pasión?

Como lo hemos citado, los afrodisíacos son potenciadores naturales de la libido y la actividad sexual. Se conocen desde la antigüedad. Al principio se usaron para aumentar la fertilidad, y después de un tiempo se usaron como estimulantes para aumentar la libido y la agudeza emocional.

Las civilizaciones antiguas (China, India, Egipto, Roma y Grecia) utilizaban determinadas sustancias para aumentar la libido, el placer o el rendimiento sexual. Hoy en día, los afrodisíacos botánicos y sintéticos se utilizan para este fin. Se recomienda elegir solo plantas y alimentos afrodisíacos y agregarlos al menú de manera regular para encender la pasión y beneficiar la salud.

Algunos de ellos son:

Higo
Afrodisíaco tanto para hombres como para mujeres. Gracias al alto contenido en fibra y pectina previene el

estreñimiento, normaliza la función hepática y mejora la salud cardiovascular. Es rico en calcio, hierro, magnesio, potasio y zinc, que se asocia con un aumento de la energía y la resistencia masculina. La principal ventaja en los cuerpos masculinos es que, las ingestas de higos de manera regular mejoran la erección.

Jengibre

La raíz de jengibre estimula la producción de testosterona y aumenta la libido femenina, normaliza los niveles de azúcar en la sangre y reduce el estrés oxidativo en el cuerpo.

El jengibre es capaz de acelerar la circulación sanguínea y acelerar su flujo a las zonas erógenas, aumentando así su sensibilidad. Esta especie se puede agregar al té o al plato principal.

En este orden también se encuentran: el azafrán, nuez moscada, kayenne y pimienta.

Frutos secos

Las almendras, piñones, avellanas, cacahuetes, pistachos, nueces y anacardos son ricos en vitamina E, que estimula la glándula pituitaria, la que, a su vez, provoca el deseo sexual.

Además, los frutos secos contienen zinc y ácido fólico, una proteína vegetal necesaria para la síntesis de hormonas sexuales. La vitamina E también es rica en los mariscos, pescados grasos y albaricoques secos.

Chocolate negro

Según la leyenda, el emperador azteca Moctezuma (c. 1466-1520) bebía tazas de chocolate antes de hacer el amor. Los aztecas y los mayas preparaban una bebida de cacao puro llamada "xocolatl" para mejorar el rendimiento sexual, a menudo mezclada con paprika.

En la medicina tradicional mexicana, el chocolate ha sido considerado afrodisíaco durante siglos. De hecho, el chocolate estimula la producción de hormonas, incluida la oxitocina (la "hormona del amor"), pero no en cantidades suficientes para producir un efecto perceptible.

El más útil es el chocolate negro con un contenido de cacao de al menos el 70%: contiene granos de cacao naturales y una cantidad mínima de azúcar. El chocolate contiene alcaloides y aminoácidos: triptófano, dopamina, teobromina. Tienen un efecto estimulante, mejoran el estado de ánimo y estimulan la pasión. El chocolate natural promueve la producción de serotonina, la hormona del placer, que aumenta la confianza en el atractivo de uno. La cafeína y la teobromina aumentan la libido en las mujeres. El consumo recomendado de chocolate es de 10-30 gramos por día.

Col rizado (similar al repollo)
(Laminaria o algas marinas), es un excelente alimento rico en zinc que ayuda a aumentar la producción de testosterona. Los estudios han demostrado que este vegetal puede eliminar por completo la disfunción sexual y la impotencia en los hombres y mujeres.

Es na fuente importante de yodo, varios minerales y vitaminas, oligoelementos y aminoácidos. Los camarones, la remolacha, los tomates, el ajo y el jengibre también son ricos en zinc, los que puede aumentar efectivamente los niveles de testosterona en los hombres.

Huevo

Los huevos son uno de los afrodisíacos más baratos de esta lista. Es rico en proteínas de fácil digestión que aumentan la fuerza, reducen la fatiga y potencian el volumen de esperma. Los huevos contienen luteína, que neutraliza los radicales libres y retrasa el envejecimiento, y vitaminas B5 y B6, que normalizan los niveles hormonales.

Cebolla y ajo

Gracias a su contenido en zinc, estos productos estimulan la producción de testosterona y mejora la salud con la ayuda de componentes vitamínicos y minerales. Además, son capaces de optimar la circulación sanguínea en los órganos pélvicos, mejorando así la calidad de vida sexual y previniendo la impotencia.

Maca

Desde la antigüedad, la maca peruana se ha utilizado para aumentar el deseo sexual y optimizar la fertilidad. Incluso hay una leyenda en que los famosos soldados de la tribu Inca, antes de la batalla, comían maca para aumentar su energía; y al regresar triunfante la volvían a ingerir para festejar con sus mujeres. Los estudios han confirmado los beneficios para la salud de este producto:

• 	Mejora la función de la próstata;

- Mejora el metabolismo hormonal.
- Aumenta la actividad espermática. Las variedades rojas de la raíz reducen los trastornos de la micción con prostatitis en los hombres.

Entre los aceites también se encuentran fuertes afrodisíacos: ylang ylang, jazmín, pachulí.

Usar un afrodisíaco es una excelente manera de mejorar la relación con la comida saludable. Sin embargo, si te preocupa una disminución frecuente de la libido, pérdida de interés por tu pareja o problemas funcionales, te recomiendo que consultes a un especialista.

Tipos de afrodisiacos

Muchos métodos se utilizan como afrodisíacos: alimentos, hierbas, perfumes, cremas y velas perfumadas que contienen sustancias específicas que estimulan el organismo.

Los alimentos son los principales afrodisíacos porque afectan a todo el cuerpo. El aceite esencial se usa en masajes y se agrega a cremas faciales, perfumes y jabones corporales. Las preparaciones botánicas y de hierbas se toman en forma de té o se agregan a los baños. Las especias y los condimentos no solo mejoran el sabor de los alimentos, sino que también estimulan los sentidos.

Productos naturales

Cambiar tu dieta puede afectar tu libido. Los productos más eficaces son los ricos en zinc y selenio, necesarios para la síntesis de la hormona masculina testosterona, así como las vitaminas A, B1, C y E. Si el problema eréctil ocurre debido a la falta de estos complementos, la inclusión de estos productos los aumentará.

Los alimentos ricos en ácidos grasos (como el pescado rojo) son beneficiosos para la actividad sexual.

Almejas: Casi todos los mariscos contienen sustancias necesarias para la salud humana, así como proteínas digeribles. Las ostras y la lubina son especialmente útiles.

Especias y condimentos: nuez moscada, cardamomo, canela y jengibre, azafrán, fenogreco, clavo y cacao estimulan la circulación sanguínea. Los chiles picantes y las hierbas suaves también realzan la sensualidad.

Por su parte, en cuanto al chile picante, desde la antigüedad, la medicina tradicional mexicana los ha considerado como un afrodisíaco, dando un nuevo sentido a la vida sexual. Los pimientos contienen un compuesto activo llamado capsaicina, el químico que produce la característica sensación de ardor. La capsaicina engaña al cerebro al actuar sobre los receptores de la lengua que son responsables de la sensación de calor.

Los chiles pueden causar procesos similares a la excitación en humanos, como sudoración, fiebre y aumento de la circulación. Y también capaz de aumentar la síntesis de la hormona "felicidad" endorfina - un analgésico natural.

Nueces y semillas: las nueces, las almendras, los pistachos y los piñones son ricos en proteínas y vitaminas, y las semillas de calabaza son ricas en zinc.

Frutas: aguacates, plátanos, fresas y grosellas, higos, uvas o pasas. Contienen una variedad de vitaminas para ayudar a evitar las deficiencias vitamínicas que pueden provocar fatiga crónica y reducción de la fuerza. Las frutas deben ser más cuidadosas y moderadas, ya que contienen mucha azúcar, lo que puede dañar la libido.

Vegetales: La mayoría de estos alimentos se someten a un tratamiento térmico donde se destruye una gran parte de sus nutrientes.

Hay que tener en cuenta que es difícil seguir una dieta que contenga suficientes afrodisíacos; después de todo, muchos alimentos son ricos en calorías, como los plátanos, las nueces o la miel. Otros son inaccesibles por su alto costo, y no puedes comer muchos de ellos, como las ostras o ciertas especias.

Por otra parte, muchos productos que contienen afrodisíacos naturales se han convertido en atributos clásicos de una velada romántica: pescado o gambas a la parrilla, chocolate y fresas de postre, una copa de vino tinto. Con estos productos, no solo puedes pasar una buena noche, sino también mejorar tu libido.

Sin embargo, no ayuda mucho consumir afrodisíacos si se sigue un estilo de vida incorrecto, uso excesivo de alcohol y nicotina, o falta de actividad física. No solo afectan los niveles hormonales y la salud, sino que también interfieren en la correcta circulación sanguínea, lo cual es importante para lograr erecciones estables. El ejercicio programado y los chequeos preventivos son tan importantes como una nutrición adecuada.

Alimentos afrodisíacos masculinos

Ostras y almejas: Estos productos contienen la mayor cantidad de zinc y selenio en comparación con otros mariscos. Estas vitaminas mejoran la erección, pero se destruyen parcialmente durante el tratamiento térmico. Por lo tanto, las ostras crudas con jugo de limón son muy útiles: conservan todas las vitaminas.

Chocolate: Puedes disfrutar del dulzor habitual de vez en cuando, pero es importante comer chocolate negro con mucho cacao. Mejora la producción de hormonas sexuales y mejora el estado de ánimo.

Raíz de jengibre: Se puede usar como especia, también se puede cocinar con miel o comer seco. El jengibre mejora la circulación sanguínea y aumenta el flujo de sangre a los genitales.

Cardamomo: Contiene eucaliptol, sustancia que aumenta el flujo sanguíneo en los órganos pélvicos y mejora la aspiración.

Nueces: Un puñado de nueces es una buena fuente de proteína de origen vegetal y puede aumentar los niveles de testosterona. Es cierto que sus acciones no aparecen rápidamente: las nueces deben comerse regularmente y durante mucho tiempo.

Semillas de calabaza: Contienen una gran cantidad de zinc y otras sustancias necesarias para la salud de la próstata. Incluso hay productos para hombres a base de semillas de calabaza. Al igual que con las nueces, no puedes esperar resultados inmediatos.

Mitos sobre los afrodisíacos masculinos

Considera algunos de los siguientes mitos afrodisíacos más populares. Algunos de ellos son realmente inútiles, y otros son incluso peligrosos.

1.   El alcohol aumenta la libido
En pequeñas dosis, sí funciona, pero esto solo se aplica a los buenos vinos secos. Por el contrario, el consumo crónico y excesivo de alcohol reduce la fuerza.

2.   Para aumentar la libido, come testículos de animales
Suelen referirse a los testículos de carneros o toros porque contienen una dosis extra de testosterona. Esto es un mito, porque las hormonas se destruyen durante el tratamiento térmico y, a menudo, se absorben incorrectamente de esta manera.

3.   Afrodisíaco comprobado - Mosca española

El "Lytta Vescicatoria" –conocido vulgarmente como cantárida o como «la mosca española»– es un insecto coleóptero de un llamativo color verde esmeralda que anida en el suelo y vive predominantemente en climas cálidos. Pero no es su aspecto lo que más llama la atención sobre este insecto, sino los efectos que causa en la salud humana.

Inicialmente, se utilizó para aumentar la actividad sexual de los toros, pero su uso prolongado perjudicó su salud. Resultó que contiene veneno y es potencialmente mortal. El mecanismo para aumentar la libido fue el siguiente: la circulación sanguínea, tanto en hombres como en mujeres, mejoró debido a la irritación de los receptores con el veneno. Esto provocó el flujo de sangre a los genitales y la excitación. Su uso no es aconsejable.

Los antiguos romanos tomaban una mezcla con este insecto antes de las orgías debido a que provocaba un hormigueo en los genitales y el estómago, así como erecciones prolongadas. Es cierto que hay un pequeño inconveniente: este puede ser el último sexo en la vida, ya que puede conducir a la muerte.

La sensación de ardor está asociada con la inflamación en el tracto urinario e intestinal causada por una potente toxina llamada cantaridina. Incluso dosis relativamente pequeñas pueden provocar convulsiones, sangrado en el tracto gastrointestinal y la muerte.

Esto no impidió que el marqués de Sade plantara una mosca española a dos de sus parejas sexuales, quienes fallecieron poco después.

4. Panacea - polvo de cuerno de rinoceronte

No es bueno. El cuerno está hecho de queratina, que el estómago humano no digiere; por lo tanto, incluso si hay alguna sustancia útil en el polvo, no puede ser absorbida. Los rinocerontes también están al borde de la extinción debido a la constante caza furtiva.

Preguntas y respuestas populares

A los expertos a menudo se les hacen preguntas sobre los afrodisíacos no solo para las dificultades en la vida sexual, sino también con un sentimiento de incertidumbre. A continuación, tocaremos algunas de ellas:

Hay que tener en cuenta que los afrodisíacos pueden ayudar también con el aspecto psicológico (seguridad), ya que aquel que lo consume se siente más deseable y los complejos se desvían a un segundo plano.

1. ¿Cuál es la diferencia entre los afrodisíacos masculinos y femeninos?

Ya lo hemos citado al principio del libro: las mujeres tienden a tener dificultades para relajarse, por lo que es más probable que necesiten productos para reducir el estrés, la fatiga y la tensión. Este es el caso de la salvia, la vainilla y el chocolate al aumentar la producción de serotonina para mejorar el estado de ánimo de forma natural.

Para obtener el máximo efecto sexual, se pueden usar afrodisíacos que mejoran la circulación sanguínea y aumentan el flujo de sangre a los genitales. Los hombres tienen menos problemas de relajación y, en cambio, a menudo necesitan estimulación adicional. Los afrodisíacos como las nueces y el jengibre funcionan bien para esto: mejoran la circulación sanguínea y aumentan la sensibilidad.

2.   ¿Cuándo empiezan a funcionar los afrodisíacos?

Todos los afrodisíacos naturales tienen un efecto acumulativo. Dichos alimentos y suplementos herbales tardan mucho en ser efectivos. Pero el resultado será más estable.

3.   ¿Existe un afrodisíaco universal?

No existe un afrodisíaco de "talla única". Las personas son diferentes y los productos afectan a todos de manera diferente. Lo que agrada a uno también puede repeler a otro; por ejemplo, no a todo el mundo le gusta el olor a vainilla, que estimula la libido.

Cómo mejorar la erección en casa

A veces, algunos hombres tienen una erección inestable. El sistema reproductivo es muy sensible al estrés, los malos hábitos, la falta de actividad física y una alimentación inadecuada. Muchos hombres sin pensarlo comienzan a tomar la "píldora mágica azul", lo que le causa aún más daño a su salud.

Si tu erección es inestable y no hay enfermedades que la acompañen, es suficiente prestar atención a tu estilo de vida: Con sueños reparadores y actividades físicas regulares, menos preocupaciones, la medicina está lista. La buena alimentación es una de ellas, con la que se tiene un fuerte efecto sobre la erección.

La obesidad y el sedentarismo también pueden disminuir los niveles de testosterona, por lo que recomendamos una dieta saludable que incluya verduras y carnes magras.

Remedios populares para aumentar la erección

Casi todos los remedios caseros pueden ayudar a mejorar la circulación sanguínea o ayudarte a relajarte en momentos de estrés. Pero asegúrate de consultar a su médico antes de usarlos. Toos los remedios ya sean artificiales o naturales deben usarse con precaución e informarse sobre las contraindicaciones.

Si la causa de una erección reducida es una disminución en el deseo sexual hacia tu pareja o en las sensaciones en la intimidad, te sería de utilidad la corteza del árbol de yohimbe, que se vende en farmacias como suplemento dietético. Los extractos de ginseng y jengibre tienen un efecto similar.

Las preparaciones a base de hierbas calman y fortalecen los vasos sanguíneos. Como regla general, necesitas un período largo y no debes esperar un resultado rápido.

La miel puede tener efectos alucinógenos cuando las abejas la extraen del polen de ciertos rododendros. Otro afrodisíaco con peligrosos efectos secundarios es la miel loca, originaria de Turquía y Nepal. Es un poderoso alucinógeno que puede causar dificultad para respirar, ataque al corazón, coma y muerte. La "Mad Honey" se puede vender en el mercado negro por hasta $ 60 por libra.

Por otro lado, el vino tiento a diferencia de los otros alimentos en nuestra lista, posee una fuerte evidencia de que puede condimentar una velada romántica.

El vino tinto puede aumentar la tensión, pero demasiado vino para beber será contraproducente. Científicos italianos realizaron un estudio en el que participaron más de 800 mujeres de entre 18 y 50 años.

Los resultados mostraron que el consumo moderado de vino tinto se asoció con un mayor rendimiento sexual en comparación con los no bebedores.

El alcohol puede aumentar la libido de una persona al reducir las restricciones psicológicas y los niveles de estrés que suprimen el deseo sexual.

Pero es importante conocer la medida: demasiado alcohol puede reducir la actividad sexual, causar disfunción eréctil e incapacidad para experimentar un orgasmo.

Como dijo Shakespeare en Macbeth: "El alcohol crea deseo y elimina la oportunidad". Algunos investigadores creen que el vino tinto puede estar asociado con una mejor función sexual debido a su asociación con la dieta mediterránea. Esta dieta es rica en frutas, verduras, cereales integrales y legumbres, así como en grasas saludables.

¿Qué es la dieta mediterránea y deberías seguirla?

La Dieta Mediterránea es una valiosa herencia cultural de la cuenca del Mediterráneo que representa mucho más que una simple pauta nutricional, rica y saludable. Es un estilo de vida equilibrado que recoge recetas, formas de cocinar, celebraciones, costumbres, productos típicos y actividades humanas diversas.

Entre las muchas propiedades beneficiosas para la salud de este patrón alimentario se puede destacar el tipo de grasa que lo caracteriza (aceite de oliva, pescado y frutos secos), las proporciones en los nutrientes principales que guardan sus recetas (cereales y vegetales como base de los platos y carnes o similares como "guarnición") y la riqueza en micronutrientes que contiene, fruto de la utilización de verduras de temporada, hierbas aromáticas y condimentos.

Entre sus productos se destacan:

- **Ostras**

Pocos alimentos son más afrodisíacos que las ostras. Desde los días del Imperio Romano, han sido valorados por sus habilidades de mejora masculina. Pero, ¿qué dice la ciencia?

Las ostras son ricas en zinc, un componente importante en la producción de testosterona y esperma. Pero ninguna investigación ha confirmado que este mineral afecte significativamente la actividad sexual o la libido.

Giacomo Girolamo Casanova sirvió muchas ostras a sus invitados. Pero eso no fue lo que lo ayudó a seducir a más de 100 mujeres.

Hasta el momento, no hay evidencia científica concluyente de que las ostras estimulen la libido o mejoren la función sexual. ¿Pero, cómo se les responde a las personas que juran que estos productos afrodisíacos realmente funcionan? Es probable que las ostras ayuden a algunas personas, pero no porque contengan agentes estimulantes de la libido.

El efecto placebo es bien conocido en la comunidad científica. Se encuentra en el hecho de que la simple fe en la eficacia del "tratamiento" conduce a resultados positivos.

Por ejemplo, una pastilla de azúcar sin el principio activo puede reducir el dolor si el paciente lo percibe como un analgésico.

Antes del advenimiento de la medicina moderna basada en la evidencia, el efecto placebo podría explicar los beneficios de tratamientos como la sangría (desangrar el cuerpo). Del mismo modo, el efecto placebo podría explicar por qué algunas personas creen que los afrodisíacos populares funcionan a pesar de toda la evidencia de lo contrario. La excitación es un producto de la mente, por lo que no sorprende que nuestros pensamientos sobre ciertos alimentos puedan influir en cómo reaccionamos ante ellos.

Cuando alguien come una ostra pensando que mejorará su experiencia en el dormitorio, el efecto deseado puede convertirse en realidad.

En otras palabras, el grado más alto de afrodisíaco es la mente humana.

Los científicos y los médicos creen que a veces las personas dañan su salud al buscar sensaciones sexuales intensas. Aunque todo lo que se necesita para tener una vida sexual saludable es comer una dieta balanceada, mantenerse activo y controlar el estrés.

Productos afrodisíacos y cómo se sirven

El aguacate (Palta)
Es una fruta muy nutritiva, rica en proteínas, vitamina A y potasio. Puede reemplazar con éxito la carne. Pero los aztecas lo consideraban un afrodisíaco por una razón completamente diferente: la fruta del aguacate que colgaba del árbol se parecía a los testículos de un hombre.
Preparaciones:
Helado de aguacate, miel y nueces
Ensalada de camarones y aguacate

Alcohol
Las bebidas alcohólicas deben consumirse con precaución. Un buen vino seco, un licor fragante o un cóctel exótico, en el momento adecuado, te harán

olvidar tus dudas, miedos y prejuicios y despertarán el deseo, pero si bebes demasiado, un hombre se vuelve completamente inútil. Preparación:
Batido de plátano espeso con ponche de huevo y miel

Aloe

El Aloe ("agave") provoca el flujo de sangre a los órganos pélvicos. El jugo de aloe recién exprimido y la miel combinan especialmente bien.

Alcachofa

Las alcachofas son conocidas como afrodisíacas desde la antigüedad: en la antigua Grecia se creía que el consumo diario de conos de alcachofa y miel ayudaba a concebir un hijo. El cono no solo estimula y tonifica, sino que también hace que la sangre fluya hacia los genitales.
Preparación:
Filete de lubina alcachofa
Ensalada de alcachofas

Banana

El plátano tiene un efecto estimulante gracias al potasio y los azúcares naturales.
Preparación:
Comerla cruda o asada

Champiñón

Los hongos se han considerado durante mucho tiempo un afrodisíaco, principalmente por su apariencia. Contienen una gran cantidad de proteínas y zinc, por lo que se consideran una fuente de energía sexual. Las trufas nobles y las morillas aparentemente comunes son especialmente efectivas.
Preparación:

Caviar con champiñones
Champiñón rallado

Caviar
El caviar es un fantástico afrodisíaco gracias a las vitaminas A, C, PP, B2, B6 y B12 y al zinc. Este producto es perfecto como plato en solitario en una cita romántica. Nutre, da energía y no sobrecarga el estómago. Preparación:
Caviar negro en palitos de apio
Caviar rojo con pasta de rábano y menta

Jengibre
El jengibre acelera la circulación sanguínea y por lo tanto estimula la fuerza.
Preparación:
Cordero y jengibre marinado en aceite de sésamo

Piñones
Los piñones son llamados "pepitas de amor" debido a su alto contenido de proteína, que es responsable del nivel de hormonas en el cuerpo.
Preparación:
Cerdo con piñones
Champiñones con piñones

Coco
El coco contiene una gran cantidad de proteína de fácil digestión, que no solo aumenta la libido, sino que también aumenta el conteo de espermatozoides.
Preparación:
Golden Coke
Ponche de coco con jengibre y melocotón

Café

El café contiene cafeína y tiene un fuerte efecto de estímulo en el sistema nervioso central y cardiovascular. Una excelente droga sexual será café y coñac.
Preparar:
Café con huevo
Café tunecino

Sésamo negro

El sésamo es muy nutritivo, contiene mucha vitamina E. El sésamo es especialmente bueno con la miel.

La miel es el mejor estimulador de la energía sexual, siempre que no tenga agregado de glucosa (miel artificial).
Preparación:
Espuma de miel de limón

Almendras

Ricas en riboflavina, proteínas, vitamina E y calcio, las almendras son perfectas para un poderoso impulso. En la Edad Media, indios, árabes y chinos lo comían antes de hacer el amor.

Col rizada

Laminaria (alga marina) contiene todos los nutrientes necesarios y estimula la actividad hormonal.
Preparación:
Ensalada de col con marisco

Germen de trigo

Es rico en vitamina E, la famosa vitamina "sexo", y otocasol, un conocido factor de producción de esperma. Solo un sorbo de aceite de germen de trigo al día es suficiente para mejorar el rendimiento sexual.

Apio

El apio contiene potasio, zinc, calcio, hierro, fósforo, magnesio, vitamina C, vitaminas B, PP, E, provitamina A y otros minerales importantes.
Preparación:
Mariscos con apio

Espárragos

Se ha demostrado que los espárragos son un buen remedio para los problemas de próstata. Es rico en vitamina A, fósforo, calcio y potasio y se considera un alimento refrescante.
Preparación:
Espárragos hervidos

Caracoles

Los caracoles son un poderoso afrodisíaco. Su carne tiene un tercio más de proteína que el pollo y no tiene grasa ni colesterol.

Dátiles

Los dátiles pueden ser el afrodisíaco más dulce del mundo. Purifican la sangre, aumentan el conteo de espermatozoides y, según los científicos, pueden incluso prolongar la duración de la relación.

Pistachos

Los pistachos contienen zinc, vitaminas A y B y tienen un efecto estimulante que provoca atracción amorosa.

Rábano picante

El rábano picante se considera un excelente
afrodisíaco debido a su alto contenido de vitaminas y
minerales. Es por eso que los británicos llaman a este
rábano picante afrodisíaco.

Arroz tibetano negro

El arroz tibetano negro contiene casi el doble de
proteínas que el arroz normal. En la antigua China,
solo lo comían los emperadores; se creía que el arroz
negro tenía un efecto positivo en la potencia
masculina. Selo consume hervido, ya sea frio o
caliente.

Huevos

Los huevos son un producto proteico y por lo tanto un
poderoso estimulante sexual. Se cree que, si una
persona consume huevos crudos como tentempié, será
imbatible en la cama.

Últimas palabras

El deseo sexual es una parte fundamental de las
relaciones íntimas y puede fluctuar a lo largo del
tiempo. Si estás buscando formas de despertar el
apetito sexual hacia tu pareja, puedes considerar el
uso de afrodisíacos psicológicos. Estos afrodisíacos no
se encuentran en forma de pastillas o pociones
mágicas, sino que se basan en técnicas y estrategias
para estimular la mente y el estado emocional, creando
un ambiente propicio para una mayor conexión y deseo
sexual. Entre los afrodisíacos psicológicos más

efectivos que puedes aplicar en tu relación se encuentran los siguientes:

Comunicación abierta y honesta:

La comunicación es fundamental en cualquier relación, y cuando se trata de despertar el apetito sexual, es aún más importante. Habla con tu pareja sobre tus deseos, fantasías y necesidades sexuales. Exploren juntos lo que los excita y asegúrate de escuchar activamente a tu socio en el amor. La comunicación abierta y honesta puede ayudar a crear una mayor intimidad y aumentar la excitación sexual.

Estimulación visual y sensorial:

El estímulo visual puede ser un poderoso afrodisíaco. Planifica momentos especiales en los que puedas disfrutar de una cena romántica a la luz de las velas, crea un ambiente acogedor y sensual en el dormitorio o sorprende a tu pareja con pequeños gestos románticos. Además, presta atención a los sentidos. El suave tacto, los masajes relajantes y los besos apasionados pueden aumentar la excitación y despertar el apetito sexual.

Juego de roles y fantasías:

Explorar el juego de roles y las fantasías puede ser una forma emocionante de despertar el apetito sexual. Jueguen a ser diferentes personajes, experimenten con disfraces o actúen escenas eróticas. Esto puede permitirles escapar de la rutina y descubrir nuevas facetas de su sexualidad. Recuerda establecer límites claros y respetar las comodidades de ambos.

Cuidado personal y autoestima:

El cuidado personal y la autoestima son aspectos importantes de la vida sexual. Si te sientes bien contigo mismo/a, es más probable que te sientas atractivo/a y despiertes el deseo en tu pareja. Dedica tiempo para cuidar de ti mismo/a, practica actividades que te hagan sentir bien y mantén una actitud positiva hacia tu cuerpo y tu sexualidad.

Experimentación y variedad:

La rutina puede matar el deseo sexual. Introduce variedad en tu vida íntima, ya sea probando nuevas posiciones, explorando juguetes sexuales o incluso aventurándose fuera del dormitorio para tener encuentros sexuales en lugares inusuales. La novedad y la emoción pueden ayudar a despertar el apetito sexual hacia tu pareja.

Es importante recordar que cada pareja es única y lo que funciona para algunos no puede funcionar para otros. La clave está en explorar juntos, comunicarse y estar preparado para probar cosas nuevas. Además, es fundamental respetar los límites y las comodidades de cada uno en todo momento.

No existe una solución rápida o mágica para despertar el apetito sexual hacia una pareja, pero al implementar los afrodisíacos psicológicos mencionados anteriormente, sumado a un cambio saludable de vida, y uno que otro afrodisíaco natural, puedes fomentar una mayor conexión y una vida sexual más satisfactoria.

Recuerda que el deseo sexual puede variar a lo largo del tiempo y es normal experimentar altibajos en la libido. Si persisten las preocupaciones o dificultades sexuales en tu relación, considera la posibilidad de buscar el apoyo de un profesional de la salud, como un terapeuta sexual, que pueda ayudar a abordar estos desafíos de manera efectiva.

En resumen, tanto los afrodisíacos psicológicos como los naturales son una forma efectiva de despertar el apetito sexual hacia tu pareja. Recuerda que el amor y el deseo requiere tiempo, atención y compromiso, pero el esfuerzo valdrá la pena para construir una relación íntima y satisfactoria.

######

www.ingramcontent.com/pod-product-compliance
Lightning Source LLC
Chambersburg PA
CBHW061332120726
48001CB00002B/822